Ein Leitfaden zur iPhone-Sicherheit:

Verständnis von Bedrohungen, Umsetzung von Schutzmaßnahmen und Sicherstellung der Datensicherheit im Zeitalter des iPhones

By

Gary Fields

Urheberrecht © 2024, von Gary Field.

Alle Rechte vorbehalten. Kein Teil dieses Buches darf ohne schriftliche Genehmigung des Urhebers in irgendeiner Form oder mit irgendwelchen Mitteln reproduziert oder übertragen werden, sei es elektronisch oder mechanisch, einschließlich Fotokopieren, Aufzeichnen oder einem Informationsspeicher- und Abrufsystem, mit Ausnahme von kurzen Zitaten in kritischen Rezensionen und Artikeln.

Table of Contents

Einführung 5
Kapitel 1: Die zunehmenden Bedrohungen für die Sicherheit des iPhones 13
    Ausnutzung des Wiederherstellungsschlüssels: Eine wachsende Sorge 14
    Verständnis, wie Diebe die Kontrolle erlangen 17
Kapitel 2: Die Anatomie des iPhone-Diebstahls 21
    Methoden, die von Dieben angewendet werden, um Zugang zu erhalten 22
    Auswirkungen auf persönliche Daten und finanzielle Sicherheit 25
Kapitel 3: Apples Sicherheitsmaßnahmen und Beschränkungen 28
    Wiederherstellungsschlüssel und seine Bedeutung 29
    Umgang mit dem Support und der Hilfe von Apple 31
Kapitel 4: Schutz Ihres iPhone-Passcodes 35
    Sicherungstechniken: Face ID, Touch ID und Passcode Sicherheit 36
    Erstellung und Verwaltung sicherer Passcodes 38
Kapitel 5: Bildschirmzeit-Einstellungen als Abwehrlinie 42
    Sekundäre Passwörter: Erforschung zusätzlicher Schutzmaßnahmen 43

Debatte über die Effektivität und Risiken 45

Kapitel 6: Daten Backups und sichere Speicherlösungen **49**

Die Rolle von iCloud und iTunes bei der Datenwiederherstellung 50

Erkundung alternativer Cloud-Services für erweiterten Schutz 52

Abschluss: Stärkung der iPhone-Sicherheit für den Datenschutz **55**

Umsetzung umfassender Strategien 56

Ausblick: Tipps zur Sicherung Ihres iPhones 58

Sicherheitstipps für iPhones: **61**

Einführung

In einer Ära, in der unser Leben mit digitaler Vernetzung verwoben ist, erweist sich das iPhone als unverzichtbares Werkzeug. Innerhalb seines schlanken Rahmens bewahrt es ein Archiv unserer intimsten Informationen, persönlichen Verbindungen und lebenswichtigen Daten auf. Die wachsende Komplexität der technologischen Landschaft bringt jedoch nicht nur Bequemlichkeit, sondern auch eine Vielzahl von Risiken mit sich, die die dringende Notwendigkeit verstärken, unsere digitalen Identitäten zu schützen.

Die von iPhones hat sie an die Spitze des täglichen Lebens gestellt, indem sie als Hüter unserer digitalen Existenz dienen.

Doch mit dem Fortschreiten der Technologie entwickeln auch die Strategien derjenigen, die versuchen, die Befestigungen unserer Geräte zu durchbrechen. Ein raffiniertes Ökosystem voller App, sensibler Daten, finanzieller Informationen und persönlicher Kommunikation wird in den Händen bösartiger Akteure verwundbar.

Aktuelle Trends zeigen eine beunruhigende Entwicklung auf - einen Anstieg von Sicherheitsverletzungen und Diebstählen, bei denen Angreifer raffinierte Einstellungen manipulieren und Benutzer somit von ihren eigenen Geräten aussperren. Die Enthüllungen des Wall Street Journals werfen Licht auf ein beunruhigendes Phänomen, bei dem Diebe die Einstellung des Wiederherstellungsschlüssels ausnutzen und so dauerhafte Sperren des Benutzerzugriffs verursachen, was möglicherweise nicht nur persönliche Daten, sondern auch Finanzkonten gefährdet.

Das Verständnis der Feinheiten dieser Sicherheitslücken ist entscheidend für die Stärkung unserer digitalen Verteidigung. Dieses Buch bemüht sich, das Labyrinth der iPhone-Sicherheit zu navigieren, die Schichten zurückzuziehen, um die wachsenden Bedrohungen zu verstehen, die Anatomie des iPhone-Diebstahls zu sezieren und die Wirksamkeit der Sicherheitsmaßnahmen von Apple zu erforschen, während auch deren Grenzen erforscht werden.

Im ersten Kapitel werden die zunehmenden Bedrohungen der iPhone-Sicherheit aufgedeckt, wobei die raffinierten Methoden von Dieben, die die Einstellung des Wiederherstellungsschlüssels ausnutzen, genauestens untersucht werden, um Benutzer daran zu hindern, auf ihre vitalen Daten zuzugreifen. Durch die Entschlüsselung der von Angreifern verwendeten Methoden möchten wir Benutzer mit Einblicken in die komplexen Manöver dieser Sicherheitsverletzungen stärken.

Im zweiten Kapitel unternehmen wir eine sorgfältige Analyse der Anatomie des iPhone-Diebstahls und erläutern die Mechanismen und Auswirkungen von Geräten Diebstahl. Die Auswirkungen erstrecken sich über den bloßen Datenverlust hinaus und führen zu finanzieller Verwundbarkeit, wodurch das Vertrauen der Benutzer in ihre Geräte erschüttert wird.

Die Erkundung der Sicherheitsmaßnahmen und -beschränkungen von Apple steht im Mittelpunkt des dritten Kapitels und beleuchtet die Bedeutung des Wiederherstellungsschlüssels zur Stärkung der Benutzersicherheit, während die Support Infrastruktur von Apple kritisch untersucht wird. Das Kapitel versucht, die Komplexitäten der Sicherheitsprotokolle von Apple zu entwirren und sowohl deren

Schutz Kapazität als auch die bestehenden Lücken zu beleuchten.

Der Schutz des iPhone-Passcodes wird im vierten Kapitel unerlässlich, während wir uns mit den Feinheiten der Sicherungstechniken befassen, darunter Face ID, Touch ID und die Erstellung und Verwaltung sicherer Passcodes. Das Verständnis des Wesens der Passcode Sicherheit ermöglicht es Benutzern, ihre erste Verteidigungslinie zu stärken.

Die Erkundung setzt sich im fünften Kapitel fort, das das Potenzial der Bildschirmzeit-Einstellungen als zusätzliche Sicherheitsebene aufdeckt und die Machbarkeit und Risiken der Einführung von sekundären Passwörtern in diesem Bereich untersucht.

Kapitel 6 navigiert durch das Gelände der Daten Backups und sicheren Speicherlösungen und hebt die entscheidende Rolle von iCloud und iTunes bei der Datenwiederherstellung hervor, während alternative Cloud-Dienste für einen verbesserten Schutz erkundet werden. Dieser Abschnitt dient als Blaupause, damit Benutzer ihre Daten gegen mögliche Verletzungen und Diebstähle stärken können.

Dieses Buch gipfelt in einer umfassenden Schlussfolgerung, die die Erkenntnisse aus den Kapiteln zusammenfasst. Es bietet umsetzbare Strategien und Tipps und drängt Benutzer dazu, umfassende Sicherheitsmaßnahmen zu implementieren und ihre iPhones gegen potenzielle Bedrohungen in dieser sich ständig weiterentwickelnden technologischen Landschaft zu stärken.

Begleiten Sie uns auf dieser Erkundung der iPhone-Sicherheit, während wir uns mit Wissen und Werkzeugen ausstatten, um unsere digitalen Zufluchtsorte zu schützen und unsere Geräte gegen potenzielle Bedrohungen in dieser sich ständig weiterentwickelnden technologischen Landschaft zu stärken.

Kapitel 1: Die zunehmenden Bedrohungen für die Sicherheit des iPhones

In einer vernetzten digitalen Welt dienen iPhones als Zufluchtsorte für unsere persönlichen und sensiblen Daten. Doch mit dem Fortschreiten der Technologie entwickeln auch die Techniken bösartiger Entitäten, die unbefugten Zugang suchen, ständig weiter. Dieses Kapitel zielt darauf ab, die eskalierenden Bedrohungen für die Sicherheit des iPhones zu analysieren. Dabei liegt der Fokus auf der Ausnutzung des Wiederherstellungsschlüssels – einer wachsenden Sorge – und der vertieften Untersuchung der komplexen Methoden, mit denen Diebe die Kontrolle übernehmen und Schwachstellen ausnutzen, um die Schutzbarrieren unserer Geräte zu durchbrechen.

Ausnutzung des Wiederherstellungsschlüssels: Eine wachsende Sorge

Der Wiederherstellungsschlüssel, ein entscheidender Bestandteil der iPhone-Sicherheit, ist in jüngsten Sicherheitsverletzungen zum Mittelpunkt geworden und hat unter Benutzern und Sicherheitsexperten gleichermaßen Bedenken hervorgerufen. Ursprünglich als Schutzmaßnahme gegen unbefugten Zugang und zur Kontowiederherstellung konzipiert, ist der Wiederherstellungsschlüssel unbeabsichtigt zu einem Ziel für bösartige Akteure geworden, die Benutzer aus ihren eigenen Geräten aussperren wollen.

Hauptsächlich für den Zugriff auf eine Apple ID verwendet, ist der Wiederherstellungsschlüssel ein langer 28-stelliger Code, der darauf abzielt, Hacking-Versuche zu vereiteln und Benutzer vor unbefugtem Zugriff auf ihre Konten zu schützen. Dicbc haben jedoch geschickt diese Sicherheitsfunktion ausgenutzt, indem sie sich geschickt in die Geräte der Benutzer manövrieren und diesen komplexen Code manipulieren und verändern.

Die Sorge verstärkt sich, da Täter fortschrittliche Techniken einsetzen, um den Wiederherstellungsschlüssel zu extrahieren. Taktiken des Social Engineerings, wie etwa Phishing-Versuche oder Vortäuschungen, zielen darauf ab, ahnungslose Benutzer dazu zu bringen, ihre Passcodes oder Wiederherstellungsschlüssel freiwillig preiszugeben. Darüber hinaus nutzen Täter technische Exploits, setzen Malware oder Spyware ein, um Tastenanschläge zu überwachen und abzufangen, um so Zugang zum Wiederherstellungsschlüssel ohne das Wissen des Benutzers zu erhalten.

Die Auswirkungen dieser Ausnutzung sind ernsthaft und umfassen nicht nur den potenziellen Verlust persönlicher Daten, sondern auch die Gefährdung von Bankkonten und sensiblen Informationen.

Es sind Fälle aufgetreten, in denen Opfer feststellen mussten, dass ihre Bankkonten geplündert oder sensible Informationen kompromittiert wurden, was die Ernsthaftigkeit dieser Sicherheitsverletzungen zeigt.

Verständnis, wie Diebe die Kontrolle erlangen

Die Kontrolle über ein iPhone zu erlangen, beinhaltet ein komplexes Zusammenspiel von Strategien, das sowohl technische Expertise als auch psychologische Manipulation erfordert. Diebe verwenden verschiedene Methoden, um die Schutzbarrieren des Geräts zu durchbrechen, um letztendlich die Kontrolle zu übernehmen und Benutzer machtlos zu machen.

Eine der Haupttechniken, die von Tätern verwendet werden, besteht darin, den iPhone-Benutzer dazu zu bringen, seinen Passcode oder Wiederherstellungsschlüssel preiszugeben, sei es durch heimliches Beobachten oder durch Zwang. Dies kann heimlich geschehen, indem Diebe genau darauf achten, wie Benutzer ihre Passcodes an öffentlichen Orten wie Cafés, Flughäfen oder Veranstaltungen eingeben. In dreisteren Szenarien setzen Diebe Ablenkungen oder Social-Engineering-Taktiken ein, um Benutzer dazu zu bringen, ihre Passcodes freiwillig preiszugeben.

Darüber hinaus erstrecken sich Angriffe des Social Engineerings in den digitalen Bereich, wo Diebe Phishing-E-Mails, betrügerische Websites oder bösartige App einsetzen, um Benutzer dazu zu verleiten, ihre sensiblen Informationen preiszugeben. Diese manipulativen Taktiken nutzen menschliche Schwachstellen aus und führen dazu, dass Benutzer unwissentlich den Zugang zu ihren Passcodes oder Wiederherstellungsschlüsseln gewähren.

Eine weitere Methode beinhaltet den direkten physischen Diebstahl des Geräts, wodurch Diebe Sicherheitsmaßnahmen umgehen können, indem sie Zugang zum physischen Gerät selbst erhalten. Einmal in Besitz des Geräts manipulieren Täter Einstellungen, ändern Passcodes und setzen den Wiederherstellungsschlüssel zurück, wodurch der ursprüngliche Besitzer ausgesperrt und die Kontrolle über das Gerät erlangt wird.

Das Verständnis dieser komplexen Methodologien befähigt Benutzer dazu, potenzielle Bedrohungen zu erkennen und ihre Verteidigung gegen unbefugten Zugang zu stärken. Da sich die Landschaft der digitalen Sicherheit weiterentwickelt, wird das Begreifen der von bösartigen Akteuren verwendeten Techniken entscheidend, um persönliche Informationen zu schützen und Sicherheitsverletzungen zu verhindern.

Kapitel 2: Die Anatomie des iPhone-Diebstahls

In einer Welt, in der digitale Geräte zu Erweiterungen unseres Lebens geworden sind, umfassen iPhones eine Fülle persönlicher Daten, intimer Verbindungen und sensibler Informationen. Die Bedrohung des iPhone-Diebstahls ist jedoch nicht nur auf den reinen Verlust der Hardware beschränkt. Dieses Kapitel taucht in die komplexen Facetten des iPhone-Diebstahls ein, indem es die Methoden untersucht, die Diebe anwenden, um Zugang zu erlangen, und die tiefgreifenden Auswirkungen auf persönliche Daten und finanzielle Sicherheit aufzeigt.

Methoden, die von Dieben angewendet werden, um Zugang zu erhalten

Der iPhone-Diebstahl umfasst eine Vielzahl von Methoden, von denen jede darauf abzielt, Sicherheitsmaßnahmen zu umgehen und unbefugten Zugang zu einem individuellen Gerät zu erlangen. Eine weit verbreitete Methode beinhaltet den physischen Diebstahl, bei dem Gelegenheitstäter Geräte ergreifen, die unbeaufsichtigt in öffentlichen Räumen zurückgelassen wurden, oder sich auf Raub Taktiken einlassen, um schnell Besitz vom Gerät zu erlangen.

Darüber hinaus haben Diebe aufwendige Schemata entwickelt, die menschliche

Schwächen durch Social-Engineering-Taktiken ausnutzen. Phishing-E-Mails, betrügerische Anrufe, die sich als technischer Support ausgeben, oder gefälschte Websites locken ahnungslose Opfer dazu, Passcodes, Wiederherstellungsschlüssel oder sensible Informationen preiszugeben, was den Dieben Zugang zum Gerät ermöglicht und die Sicherheit des Benutzers gefährdet.

Auch ausgefeilte technologische Exploits markieren einen weiteren von Dieben genutzten Weg. Malware, Spyware oder Hacking-Techniken infiltrieren Geräte und gewähren unbefugten Zugang ohne das Wissen des Gerätebenutzers. Diese Methode umgeht herkömmliche Sicherheitsmaßnahmen und gewährt Dieben ungehinderten Zugang zu persönlichen Daten, wodurch die Integrität des Geräts beeinträchtigt wird.

Zusätzlich nutzen Diebe Schwachstellen in drahtlosen Kommunikationssystemen aus, indem sie Techniken wie SIM-Swapping oder Hijacking anwenden, um die Kontrolle über das Gerät zu erlangen. Durch Manipulation von Mobilfunknetzen oder Ausnutzung von Schwächen in der Netzwerksicherheit übernehmen Täter das Gerät aus der Ferne und umgehen dabei herkömmliche Sicherheitsbarrieren.

Auswirkungen auf persönliche Daten und finanzielle Sicherheit

Die Folgen des iPhone-Diebstahls erstrecken sich weit über den Verlust des physischen Geräts hinaus und treffen das Herz der persönlichen Privatsphäre und finanziellen Sicherheit. Über die Unannehmlichkeiten des Geräteverlusts hinaus stellt der Diebstahl einen Angriff auf persönliche Daten, intime Kommunikationen und sensible Informationen dar, die im Gerät gespeichert sind.

Die Kompromittierung persönlicher Daten birgt tiefgreifende Risiken, die zu Identitätsdiebstahl, unbefugtem Zugriff auf

Finanzkonten und Offenlegung sensibler Informationen führen können. Es gibt zahlreiche Fälle, in denen Opfer feststellen mussten, dass ihre Bankkonten geplündert, Kreditkarten missbraucht und sensible Daten für nefarious Zwecke ausgenutzt wurden.

Darüber hinaus darf der psychologische Tribut solcher Diebstähle nicht unterschätzt werden. Die Verletzung der Privatsphäre, das Gefühl der Verletzung und die Störung des täglichen Lebens aufgrund des Verlusts von kritischen Daten verursachen emotionale Belastungen für die Opfer, die weit über den physischen Verlust des Geräts hinausgehen.

Das Verständnis der Tiefe dieser Auswirkungen unterstreicht die dringende Notwendigkeit von robusten Sicherheitsmaßnahmen und wachsamen Praktiken. Die umfassende Erkundung dieser Methodologien und ihrer Implikationen befähigt Benutzer dazu, ihre Verteidigungsmechanismen zu stärken und proaktive Maßnahmen zu ergreifen, um ihre persönlichen Daten und finanzielle Sicherheit zu schützen.

Kapitel 3: Apples Sicherheitsmaßnahmen und Beschränkungen

Apple, ein Vorreiter in technologischer Innovation, hat kontinuierlich daran gearbeitet, seine Geräte mit robusten Sicherheitsmaßnahmen zu stärken. Dieses Kapitel geht auf die Feinheiten von Apples Sicherheitsprotokollen ein, beleuchtet die Bedeutung des Wiederherstellungsschlüssels und die Beschränkungen in den Support- und Assistenzsystemen von Apple. Da Benutzer ihre digitalen Leben Apple-Geräten anvertrauen, wird das Verständnis der Stärken und Schwächen dieser Sicherheitsmaßnahmen entscheidend, um sich in der Landschaft der iPhone-Sicherheit zu bewegen.

Wiederherstellungsschlüssel und seine Bedeutung

Im Herzen von Apples Sicherheitsarchitektur befindet sich der Wiederherstellungsschlüssel, ein entscheidender Bestandteil, der dazu bestimmt ist, die Sicherheit der Benutzer zu stärken und ihre digitalen Identitäten zu schützen. Dieser vielschichtige 28-stellige Code dient als Angelpunkt im Mechanismus zur Kontowiederherstellung von Apple und erleichtert den Zugriff auf eine Apple ID bei Passwortverlust oder unbefugtem Zugriff.

Der Wiederherstellungsschlüssel fungiert als Schutzschild gegen potenzielle Verletzungen, indem er durch die Verringerung der Risiken im Zusammenhang mit dem Kompromittieren von Passwörtern eine zusätzliche Sicherheitsebene hinzufügt. Seine Komplexität und Länge sollen Hacking-Versuche abschrecken und Benutzer vor unbefugtem Zugriff auf ihre Konten schützen. Dabei spielt er eine entscheidende Rolle bei der Wiederherstellung des Zugriffs auf eine Apple ID, wenn dies erforderlich ist.

Trotz seiner Bedeutung führt der Wiederherstellungsschlüssel auch zu Komplexitäten und Beschränkungen. Benutzer müssen diesen Code sorgfältig schützen, da sein Verlust in Verbindung mit dem Fehlen von vertrauenswürdigen Geräten zu einer dauerhaften Kontosperrung führen könnte. Darüber hinaus gibt es Bedenken hinsichtlich seiner Anfälligkeit für Diebstahl, Verlust oder potenzielle Ausnutzung durch bösartige Akteure.

Umgang mit dem Support und der Hilfe von Apple

Apples Engagement für die Sicherheit der Benutzer spiegelt sich auch in seiner Supportinfrastruktur wider, die dazu entwickelt wurde, Benutzer bei Sicherheitsbedenken oder Problemen mit dem Kontozugriff zu unterstützen. Das

Unternehmen bietet eine umfassende Palette von Supportdiensten, die darauf abzielen, Benutzer bei sicherheitsrelevanten Herausforderungen und den Prozessen zur Kontowiederherstellung zu unterstützen.

Die Effektivität von Apples Support- und Assistenzsystemen wird jedoch ebenfalls kritisch betrachtet, insbesondere in Szenarien, die eine Kontosperrung oder den Verlust des Wiederherstellungsschlüssels betreffen. Es sind Situationen aufgetreten, in denen Benutzer Schwierigkeiten hatten, den Zugriff auf ihre Konten zurückzugewinnen, was die Notwendigkeit einer verbesserten Benutzerunterstützung und vereinfachten Wiederherstellungsverfahren unterstreicht.

Darüber hinaus erfordern die in das Supportsystem eingebauten Beschränkungen von Benutzern, ein nuanciertes Verständnis der Sicherheitsprotokolle von Apple zu haben. Benutzer müssen proaktiv ihren Wiederherstellungsschlüssel schützen und wachsam gegen potenzielle Sicherheitsbedrohungen sein, angesichts der Einschränkungen in der Supportinfrastruktur von Apple.

Das Verständnis der Bedeutung des Wiederherstellungsschlüssels in der Sicherheitsarchitektur von Apple und die kritische Bewertung der Effektivität der Support- und Assistenzsysteme bilden den Kern dieser Erkundung. Durch die Analyse dieser Facetten erhalten Benutzer Einblicke in den Sicherheitsapparat von Apple und werden befähigt, Sicherheitsherausforderungen effektiv zu bewältigen und proaktive Maßnahmen zum Schutz ihrer digitalen Vermögenswerte zu ergreifen.

Kapitel 4: Schutz Ihres iPhone-Passcodes

Der Passcode, eine grundlegende Verteidigungsebene, dient als Gateway zu dem umfangreichen Schatz an persönlichen Daten, der sich innerhalb eines iPhones befindet. Dieses Kapitel geht auf die zwingende Notwendigkeit ein, den iPhone-Passcode zu schützen, und erforscht die Wirksamkeit von Sicherungstechniken wie Face ID, Touch ID und Passcode Sicherheit. Darüber hinaus betont es die Bedeutung der Erstellung und Verwaltung sicherer Passcodes, um Benutzer zu befähigen, ihre Geräte gegen unbefugten Zugriff und potenzielle Sicherheitsverletzungen zu stärken.

Sicherungstechniken: Face ID, Touch ID und Passcode Sicherheit

Die innovativen biometrischen Authentifizierungssysteme von Apple, Face ID und Touch ID, bieten Benutzern nahtlose und sichere Alternativen zur Passcode-Eingabe. Face ID, das die Technologie der Gesichtserkennung verwendet, und Touch ID, das die Fingerabdruckerkennung nutzt, dienen als zuverlässige Authentifizierungsmethoden, die die Benutzerfreundlichkeit verbessern und gleichzeitig die Sicherheit stärken.

Face ID authentifiziert Benutzer durch detaillierte Gesichtsvermessung und Erkennungsalgorithmen und macht das Gerät nur bei einer erfolgreichen Übereinstimmung zugänglich. Ebenso überprüft Touch ID die Identität der Benutzer durch die Verwendung von Fingerabdruckerkennung Technologie anhand einzigartiger Fingerabdrücke, die sicher im Enklaven des Geräts gespeichert sind.

Ergänzend zu diesen biometrischen Authentifizierungsmethoden bildet die Passcode Sicherheit das Fundament des iPhone-Schutzes. Benutzer können sich für einen komplexen alphanumerischen Passcode entscheiden, der die Sicherheit erheblich verbessert, indem er Schichten von Komplexität und Widerstandsfähigkeit gegen unbefugte Zugriffsversuche hinzufügt.

Trotz dieser Technologien müssen Benutzer wachsam bleiben. Face ID und Touch ID sind nicht narrensicher und können gelegentlich Authentifizierungsprobleme haben, was die Notwendigkeit eines starken Passcode-Backups unter verschiedenen Umständen sicherstellt.

Erstellung und Verwaltung sicherer Passcodes

Die Erstellung und Verwaltung sicherer Passcodes stellen entscheidende Aspekte der iPhone-Sicherheit dar. Ein sicherer

Passcode besteht aus einer Kombination von Zahlen, Buchstaben und Symbolen, was ihn gegen Brute-Force-Angriffe und unbefugten Zugang widerstandsfähiger macht.

Richtlinien empfehlen die Erstellung von Passcodes, die komplex, einzigartig und nicht leicht zu erraten sind, um vorhersehbare Sequenzen oder leicht identifizierbare persönliche Informationen zu vermeiden. Darüber hinaus erhöht regelmäßiges Ändern des Passcodes die Sicherheit und verringert das Risiko der Ausnutzung aufgrund der langfristigen Verwendung desselben Codes.

Über die Erstellung hinaus spielt die Verwaltung des Passcodes eine entscheidende Rolle bei der Stärkung der Gerätesicherheit. Benutzern wird geraten, ihre Passcodes nicht zu teilen und sie nicht an leicht zugänglichen Orten zu speichern. Stattdessen können die Anwendung mnemonischer Techniken oder Passwort-Manager eine sichere Speicherung und den Abruf komplexer Passcodes erleichtern.

Darüber hinaus bietet die strategische Nutzung zusätzlicher Sicherheitseinstellungen, wie das Einrichten von Passcode-Anforderungen für App-Installationen oder Käufe, eine zusätzliche Schutzschicht gegen unbefugten Zugriff auf sensible Funktionen im Gerät.

Benutzer mit dem Wissen auszustatten, Face ID, Touch ID und Passcode Sicherheit zu nutzen, kombiniert mit der Erstellung und Verwaltung sicherer Passcodes, ist entscheidend für die Stärkung der iPhone-Sicherheit. Diese Erkundung zielt darauf ab, Benutzer mit umfassenden Strategien auszustatten, um ihre Geräte gegen potenzielle Sicherheitsverletzungen und unbefugte Zugriffsversuche zu schützen.

Kapitel 5: Bildschirmzeit-Einstellungen als Abwehrlinie

Während Benutzer bestrebt sind, die Sicherheit ihrer iPhones zu stärken, erweisen sich die Bildschirmzeit-Einstellungen als potenzielle Bastion, die eine zusätzliche Schutzschicht gegen unbefugten Zugriff bietet. Dieses Kapitel navigiert durch die Wirksamkeit der Bildschirmzeit-Einstellungen als Abwehrlinie, insbesondere bei der Erkundung der Nutzung von sekundären Passwörtern als zusätzliche Schutzmaßnahme. Es geht weiter auf die Debatte über die Effektivität und damit verbundenen Risiken ein, und bietet

Einblicke in die Nutzung der Bildschirmzeit-Einstellungen zur Verbesserung der Sicherheit.

Sekundäre Passwörter: Erforschung zusätzlicher Schutzmaßnahmen

Im Bereich der Bildschirmzeit-Einstellungen besteht die Möglichkeit, sekundäre Passwörter einzurichten, eine zusätzliche Sicherheitsmaßnahme zur Stärkung des Geräteschutzes. Diese Funktion dient als Abschreckung gegen unbefugten Zugriff auf wichtige Funktionen, indem für bestimmte Aktionen, App-Nutzung oder Änderungen im Gerät ein sekundäres Passwort erforderlich ist.

Die Aktivierung sekundärer Passwörter führt eine zusätzliche Barriere ein, die bestehende Sicherheitsmaßnahmen wie Passcodes oder biometrische Authentifizierung ergänzt. Benutzer können unterschiedliche sekundäre Passwörter festlegen, um den Zugriff auf bestimmte App, Einstellungen oder Inhalte zu beschränken und so die Privatsphäre zu stärken und unbefugte Nutzung zu begrenzen.

Die Erkundung dieser zusätzlichen Schutzschicht wirft Licht auf ihre potenziellen Vorteile und Einschränkungen. Obwohl sekundäre Passwörter eine erhöhte Sicherheit bieten, erfordern sie sorgfältiges Management und können zu

Benutzerfreundlichkeit Problemen führen, insbesondere wenn Benutzer mehrere Passwörter für verschiedene Funktionen vergessen oder falsch verwalten.

Debatte über die Effektivität und Risiken

Die Einführung sekundärer Passwörter in den Bildschirmzeit-Einstellungen löst Debatten über ihre Effektivität und die damit verbundenen Risiken aus. Befürworter betonen ihre Wirksamkeit zur Stärkung der Sicherheit und heben den zusätzlichen Schutz gegen unbefugten Zugriff und Datenschutzverletzungen hervor.

Kritiker äußern Bedenken hinsichtlich der Benutzerfreundlichkeit Kompromisse und potenzieller Risiken, die sich durch die Implementierung sekundärer Passwörter ergeben. Diese Bedenken umfassen die Komplexität des Managements, mögliche Benutzer Frustrationen aufgrund von Anforderungen an mehrere Passwörter und das Risiko, dass Benutzer aufgrund von Passwort Müdigkeit zu weniger sicheren Alternativen greifen.

Darüber hinaus erstreckt sich die Debatte auf die wahrgenommene Schutzebene, die durch sekundäre Passwörter in den Bildschirmzeit-Einstellungen bereitgestellt wird. Einige argumentieren, dass sie zwar eine zusätzliche Verteidigungslinie hinzufügen, jedoch keine narrensichere

Sicherheit gegen entschlossene Angreifer oder raffinierte Hacking-Versuche bieten könnten.

Die Navigation durch diese Debatte über die Effektivität und Risiken im Zusammenhang mit sekundären Passwörtern in den Bildschirmzeit-Einstellungen gibt Benutzern umfassende Einblicke in die Nutzung dieser zusätzlichen Schutzmaßnahmen. Das Verständnis der Nuancen rund um ihre Implementierung ermöglicht es Benutzern, informierte Entscheidungen über ihre Nutzung zu treffen und Sicherheitsverbesserungen mit Überlegungen zur Benutzerfreundlichkeit in Einklang zu bringen.

Kapitel 6: Daten Backups und sichere Speicherlösungen

Im Bereich der iPhone-Sicherheit spielen Daten Backups und Speicherlösungen eine entscheidende Rolle beim Schutz wichtiger Informationen. Dieses Kapitel entschlüsselt die Bedeutung von Daten Backups und erforscht sichere Speicherlösungen, wobei das Augenmerk auf der entscheidenden Rolle von iCloud und iTunes bei der Datenwiederherstellung liegt. Darüber hinaus widmet es sich der Erkundung alternativer Cloud-Services, die erweiterten Schutz und widerstandsfähige Speicheroptionen für Benutzer bieten, die ihre Daten gegen potenzielle

Sicherheitsverletzungen oder Verlust stärken möchten.

Die Rolle von iCloud und iTunes bei der Datenwiederherstellung

iCloud und iTunes fungieren als integrale Komponenten im Apple-Ökosystem und bieten Benutzern robuste Mechanismen für Daten Backups und -wiederherstellung. iCloud, ein Cloud-basierter Speicherdienst, ermöglicht eine nahtlose Synchronisierung und Sicherung wichtiger Daten, um die Zugänglichkeit und Wiederherstellung im Falle von Geräteverlust, -beschädigung oder Datenkorruption zu gewährleisten.

Die regelmäßige Nutzung von iCloud für Backups sichert kritische Daten wie Fotos, Kontakte, Nachrichten und App-Daten. Darüber hinaus trägt die Funktion "Mein iPhone suchen" von iCloud dazu bei, verlorene Geräte zu lokalisieren und verstärkt somit ihre Rolle bei der Gerätewiederherstellung und Sicherheit.

Gleichzeitig bietet iTunes Benutzern eine lokale Backup-Lösung, die die Erstellung verschlüsselter Backups auf einem Computer ermöglicht. Dies dient als alternative Methode für Daten Backups und gewährleistet, dass wichtige Informationen auch dann zugänglich und wiederherstellbar sind, wenn iCloud-Dienste auf Probleme stoßen.

Die Erforschung der Wirksamkeit von iCloud und iTunes als Werkzeuge zur Datenwiederherstellung unterstreicht ihre Bedeutung für die Erhaltung wichtiger Informationen und die Sicherstellung der Kontinuität angesichts unvorhergesehener Ereignisse. Das Verständnis ihrer Funktionalitäten ermöglicht es Benutzern, robuste Backup-Strategien umzusetzen und die Sicherheit ihrer digitalen Vermögenswerte zu stärken.

Erkundung alternativer Cloud-Services für erweiterten Schutz

Während iCloud als der proprietäre Cloud-Dienst von Apple gilt, können Benutzer alternative Cloud-Speicherlösungen erkunden, um ihre Daten Backup-Strategien zu diversifizieren und zu verstärken. Alternative Cloud-Services wie Google Fotos, Microsoft OneDrive, Amazon Fotos oder Dropbox bieten sichere und widerstandsfähige Speicheroptionen, die die Fähigkeiten von iCloud ergänzen.

Diese alternativen Cloud-Services bieten zusätzliche Redundanz Schichten und verbessern den Schutz von Daten durch plattformübergreifende Kompatibilität und zusätzlichen Speicherplatz. Benutzer können diese Dienste nutzen, um sensible Dateien oder Daten Backups zu speichern und so die Verfügbarkeit von Daten und Wiederherstellungsoptionen über das Apple-Ökosystem hinaus zu gewährleisten.

Abschluss: Stärkung der iPhone-Sicherheit für den Datenschutz

Mit diesem Abschlusskapitel beenden wir die Reise durch die Feinheiten der iPhone-Sicherheit, das die wesentlichen Elemente zusammenfasst, die für die Stärkung des Schutzes wertvoller Daten, die in diesen Geräten gespeichert sind, erforderlich sind. Indem es umfassende Strategien vertieft und praktische Tipps bietet, dient dieses Kapitel als Leitfaden für Benutzer, die ihre iPhone-Sicherheitsmaßnahmen verbessern möchten, um ihre digitalen Vermögenswerte vor potenziellen Verstößen zu schützen und den Datenschutz zu gewährleisten.

Umsetzung umfassender Strategien

Der Grundstein für die Sicherung von iPhone-Daten liegt in der Umsetzung umfassender Sicherheitsstrategien. Dieser Abschnitt amalgamiert die vielschichtigen Ansätze, die im Verlauf dieses Buches diskutiert wurden, und betont die Integration verschiedener Sicherheitsebenen und -methoden.

Er synthetisiert die wesentlichen Elemente: die Sicherung von Passcodes, die Nutzung biometrischer Authentifizierungsmethoden wie Face ID und Touch ID, die Verwendung von Bildschirmzeit-Einstellungen, die Einrichtung robuster Daten Backups über iCloud oder alternative Cloud-Services sowie das Verständnis der Feinheiten von Wiederherstellungsschlüssels und sekundären Passwörtern.

Die Verknüpfung dieser Strategien bildet eine kohärente Sicherheitsarchitektur, die mehrere Barrieren gegen unbefugten Zugriff schafft, den Datenschutz stärkt und eine Resistenz gegenüber potenziellen Bedrohungen oder unvorhergesehenen Umständen gewährleistet.

Ausblick: Tipps zur Sicherung Ihres iPhones

Abschließend bietet dieser Abschnitt praktische, handlungsorientierte Tipps für Benutzer, die ihre Gerätesicherheit künftig stärken möchten. Er fasst die wichtigsten Erkenntnisse zusammen und destilliert sie in leicht anwendbare Empfehlungen.

Diese Tipps umfassen bewährte Verfahren wie regelmäßige Software-Updates, sorgfältiges Management von Wiederherstellungsschlüssels und Passcodes, regelmäßige Daten Backups, umsichtige Nutzung biometrischer Authentifizierungsmethoden sowie die vorsichtige Erkundung zusätzlicher Sicherheitseinstellungen innerhalb des iPhone-Ökosystems.

Darüber hinaus plädiert er für ein gesteigertes Bewusstsein und Wachsamkeit gegenüber potenziellen Bedrohungen, um eine proaktive Herangehensweise an die

Sicherung von iPhone-Daten zu fördern. Benutzer werden ermutigt, sich über sich entwickelnde Sicherheitsmaßnahmen zu informieren und ihre Strategien entsprechend anzupassen, um möglichen neuen Bedrohungen voraus zu sein.

Dieses abschließende Kapitel fasst die Essenz der gemeinsamen Weisheit zusammen, die in diesem Buch geteilt wurde, und gibt Benutzern handlungsfähige Einblicke und praktische Strategien an die Hand, um ihre iPhone-Sicherheit zu stärken. Durch die Umsetzung umfassender Strategien und die Übernahme proaktiver Maßnahmen können Benutzer durch die ständige Weiterentwicklung der digitalen Sicherheit Landschaft navigieren und den

Schutz und die Integrität ihrer wertvollen Daten gewährleisten.

Sicherheitstipps für iPhones:

1. Setzen Sie einen starken Passcode oder verwenden Sie die biometrische Authentifizierung:
Nutzen Sie einen robusten alphanumerischen Passcode oder biometrische Authentifizierungsmethoden wie Face ID oder Touch ID für sicheren Zugriff auf Ihr Gerät.

2. Aktivieren Sie "Mein iPhone suchen":
Aktivieren Sie diese Funktion in den iCloud-Einstellungen, um Ihr Gerät im Falle von Verlust oder Diebstahl zu lokalisieren. Sie ermöglicht es Ihnen, das Gerät aus der

Ferne zu sperren oder zu löschen, um Ihre Daten zu schützen.

3. Regelmäßige Software-Updates:

Halten Sie das Betriebssystem, die App und Sicherheitsfunktionen Ihres iPhones durch Installation der neuesten Software-Updates auf dem aktuellen Stand. Diese enthalten oft Patches für Sicherheitslücken.

4. Aktivieren Sie die Zwei-Faktor-Authentifizierung (2FA):

Schalten Sie die 2FA für Ihre Apple-ID ein, um eine zusätzliche Sicherheitsebene beim Anmelden zu schaffen, indem ein Code an ein anderes vertrauenswürdiges Gerät gesendet wird.

5. Nutzen Sie das iCloud-Backup:

Sichern Sie regelmäßig Ihr Gerät in der iCloud, um sicherzustellen, dass Ihre Daten geschützt sind. Dies ermöglicht eine einfache Wiederherstellung im Falle von Geräteverlust oder Datenbeschädigung.

6. Seien Sie vorsichtig mit App-Berechtigungen:

Überprüfen Sie und begrenzen Sie App-Berechtigungen für den Zugriff auf sensible Daten wie Standort, Kontakte oder Fotos. Gewähren Sie nur notwendige Berechtigungen für vertrauenswürdige App.

7. Vermeiden Sie unsichere WLAN-Netzwerke:

Seien Sie vorsichtig beim Verbinden mit öffentlichen oder unsicheren WLAN-Netzwerken. Verwenden Sie bei Bedarf ein

Virtual Private Network (VPN) für verschlüsselte Internetverbindungen.

8.Erkunden Sie die Bildschirmzeit-Einstellungen:

Nutzen Sie die Bildschirmzeit-Einstellungen, um die App-Nutzung zu verwalten, App-Beschränkungen mit Passcodes festzulegen und die Gerätenutzung zu überwachen, um eine bessere Kontrolle über den Datenzugriff zu haben.

9. Seien Sie vorsichtig bei Phishing-Versuchen:

Klicken Sie nicht auf verdächtige Links und geben Sie keine persönlichen Informationen in Reaktion auf unbekannte oder unaufgeforderte Nachrichten, E-Mails oder Anrufe preis.

10. Erwägen Sie die Verwendung von Verschlüsselung:

Schützen Sie Ihre Daten weiter, indem Sie die Verschlüsselung auf Ihrem iPhone aktivieren, um sicherzustellen, dass die auf dem Gerät gespeicherten Daten sicher bleiben, selbst wenn es verloren geht oder gestohlen wird.

11. Überprüfen und Verwalten Sie regelmäßig die Geräteeinstellungen:

Überprüfen und justieren Sie in regelmäßigen Abständen Datenschutz- und Sicherheitseinstellungen, wie Standortdienste, Siri oder App-

Berechtigungen, um sie an Ihre Präferenzen und Sicherheitsbedürfnisse anzupassen.

12. Verwenden Sie ein sicheres und einzigartiges Apple-ID-Passwort:

Erstellen Sie ein starkes, einzigartiges Passwort für Ihre Apple-ID und vermeiden Sie leicht erratbare oder wiederverwendete Passwörter.